EL ADN DEL DINERO

Tu guía para hacer DINERO

ANTONIO DÍAZ

El ADN del dinero: *Tu guía para hacer DINERO*

Registro: 03-2024-041911221200-01

Diseño de exteriores: Punto Editorial / Andrea Guerra

Diseño de interiores: Punto Editorial / Francisco Rivera

© 2024 Punto Editorial. Todos los derechos reservados.

Punto Editorial

Vía Lazio 419, Col. Joyas de Anáhuac

C.P. 66055, General Escobedo, Nuevo León, México

www.puntoeditorial.com.mx

No se permite la reproducción total o parcial de este libro ni su incorporación a un sistema informático, ni su transmisión en cualquier forma o por cualquier medio, sea este electrónico, mecánico, por fotocopia, por grabación u otros métodos, sin el permiso previo y por escrito de los titulares del copyright.

La infracción de los derechos mencionados puede ser constitutiva de delito contra la propiedad intelectual (Arts. 229 y siguientes de la Ley Federal de los Derechos de Autor y Arts. 424 y siguientes del Código Penal).

Si necesita fotocopiar o escanear algún fragmento de esta obra, diríjase al CeMPro (Centro Mexicano de Protección y Fomento de los Derechos de Autor, www.cempro.org.mx)

Hecho en México

DEDICATORIA

Este libro está dedicado a todas aquellas personas que desean transformar su relación con el dinero.

Aquellas que en algún momento de sus vidas se han sentido desesperadas por la falta de este recurso y no han encontrado la manera de generarlo o administrarlo como les gustaría.

Aquellas que desean ver al dinero de una forma diferente para convertirlo en un aliado que les acompañe y sea un vehículo para tener la libertad de realizar los proyectos que más anhelan.

AGRADECIMIENTOS

Agradezco, primero que nada, a Dios por permitirme expresar estas palabras y ser el canal para que este libro salga a la luz.

Agradezco también a mis padres por darme la vida y por todos sus cuidados y enseñanzas que me han permitido ser la persona que soy hoy.

Agradezco a mi esposa por todo el apoyo que me ha brindado, por su compañía día con día y por aventurarse conmigo a vivir esta experiencia.

Agradezco a mis hijas por ser una gran inspiración en mi vida.

Agradezco a todos los mentores y maestros que han estado en mi camino de descubrimiento y aprendizaje.

PRÓLOGO

Conocí a Antonio en clases de Kabbalah y nos llevamos bien desde el principio. Me gustan las personas que buscan aprender, mejorar, que tienen curiosidad y que hacen todo lo posible por ir hacia adelante...

Antonio no se rinde, trabaja en él, en su familia, en su proyecto de vida... Invierte tiempo y esfuerzo en ser alguien con más herramientas para enfrentar el día a día. Es valiente, comprometido y empático, y tiene esa "mágica " capacidad de llegar "al otro".

Este libro es un sueño cumplido a base de esfuerzo y ganas. Encontrarán en un lenguaje sencillo herramientas prácticas para entender el funcionamiento de la energía del dinero. Ojalá les sirva de ayuda...

Felicidades, Antonio, por tu tesón y disciplina que hoy te han traído hasta aquí...

Yolanda Ventura

ÍNDICE

Introducción *13*

1 Historia del dinero *17*

2 ¿Qué relación tengo con el dinero? *23*

3 Comportamiento actual del dinero *45*

4 ¿Cómo crece nuestro dinero? *63*

5 Atrae el dinero a tu vida *79*

Biografía *85*

INTRODUCCIÓN

Cuando estaba en la universidad estudiando Finanzas me apasionaba el tema del dinero, quería entender cómo se manejaban; sin embargo, cuando salí de la escuela me vi con unas finanzas desastrosas.

En ese momento, me preguntaba cómo, si estudié Finanzas, me encontraba en esa situación, así que me di a la tarea de observar detenidamente las finanzas de otras personas y vi que no era el único que estaba con esa problemática.

Entonces, me di cuenta de que una de las razones por las cuales tenía problemas financieros era porque en ningún lado me enseñaron a *manejar* el dinero. Por eso, me interesó aún más el tema y comencé a estudiarlo a profundidad.

Observé que requería saber su historia y su evolución hasta nuestros días, así como también conocer cuál era mi relación con él, qué me dijeron sobre el dinero mientras crecía, y qué dinámica había en mi casa en torno a este recurso.

¿Cómo fluye el dinero?

¿Hacia dónde se va?

¿Por qué hoy en día se requiere más dinero para comprar lo mismo que hace 10 o 20 años?

Tan pronto entendí el comportamiento del dinero en nuestras vidas, descubrí un modelo genético que separé en una serie de pasos para manejar mis finanzas: lo *primero* es generar dinero, *luego* conservar una cantidad de aquello que generamos, *luego* administrarlo de la mejor manera y *después* hacerlo crecer.

Cuando comencé a trabajar en este orden, según los factores que mencioné anteriormente, mis finanzas empezaron a cambiar, logré resultados diferentes, y pude ver las finanzas como el ADN de nuestra vida económica. Codifican las instrucciones para nuestra salud y bienestar financiero, influyendo en decisiones, comportamientos y resultados personales y profesionales.

Estoy realmente convencido de que si las personas los aprenden a aplicar, sus *finanzas* también van a cambiar, por eso tenía tantas ganas de escribir este libro y de compartirles esta información que he descubierto. Es un trabajo de análisis, pero sobre todo de mi experiencia en el tema que puede mejorar tu salud financiera y crear oportunidades para las generaciones futuras.

Deseo que con esta información encuentres los elementos necesarios para iniciar un cambio de conciencia con respecto al dinero y que tengas una mejor relación con él, logrando con esto mejorar algún aspecto de tus finanzas actuales y, sobre todo, que cambies tu realidad financiera, si así lo deseas.

1
HISTORIA DEL DINERO

Te voy a contar la historia del dinero como yo la aprendí. No es nada técnico, aunque cuando me enseñaron la historia sí fue algo técnica, debido a la carrera que estaba estudiando en ese momento. Sin embargo, una de mis pasiones es comunicar este tipo de información para que todas las personas logren entender estos conceptos, ¿y por qué digo *todas*? Porque en algún momento de nuestras vidas vamos a estar o estamos ya en contacto con el dinero. Por eso, es importante saber la historia de una manera sencilla para entenderla y poder tomar control de ella.

En fin, entremos en materia: a principios del siglo XX hasta 1971 existía el **patrón oro**, un sistema monetario en el que todo el dinero que había en circulación en el mundo estuvo respaldado por oro, ya sea por centenarios o lingotes. Todos los bancos debían tener una cantidad de oro en sus reservas que respaldara el dinero que había en circulación. Por ejemplo, si yo tenía un billete de 100 pesos, ese billete lo podía cambiar en el banco por una cierta cantidad de centenarios u onzas de plata (en el caso de México), y esto hacía que circularan un número limitado de billetes. A partir de 1972, se dejó el patrón oro y se estableció una nueva manera de valorar la economía del mundo a través del **patrón dólar**, esto significó que ahora el dinero estuvo respaldado por la confianza que todo el mundo tenía en la moneda de Estados Unidos y en su economía.

Además de lo anterior, se quitó el freno al circulante (dinero que hay disponible en la economía), lo cual provocó que el dinero dejara de estar respaldado por algo tangible. El respaldo que existe desde 1972 a la fecha es la simple confianza en la economía y en los mercados financieros mundiales, principalmente el de los países llamados **desarrollados**. ¿Por qué te cuento esta parte de la historia? Para que sepas que por esta razón vemos que el dinero vale cada vez menos, lo cual provoca que se tenga que usar más dinero para comprar los bienes que consumimos día con día.

Por ejemplo, en los años noventa una persona que ganaba $10,000 pesos mensuales podía darse el lujo de tener una casa propia, viajar, tener a sus hijos en escuela privada, etc.

Hoy, con la misma cantidad de dinero apenas vive una familia de 3 o 4 personas.

Te doy este ejemplo para que veas lo que ha pasado con el dinero en el tiempo, para que veas cómo va perdiendo su valor, porque nada lo respalda, es por eso que hoy se vuelve fundamental que nosotros le demos ese valor, que respaldemos nuestro dinero, lo cual veremos en otro capítulo más adelante.

A este suceso de dejar sin respaldo al dinero, no se le dio importancia en su momento y, de hecho, mucha gente hoy en día no sabe de este cambio, solo sabe y siente que su dinero no le alcanza igual que en años anteriores y no saben cuál es la razón.

Por ejemplo, cuando empecé a trabajar, la mensualidad que tenía que pagar para tener un carro del año era de $400 pesos, ¡imagínate!

Hoy en día, si yo quiero un carro del año en pagos, la mensualidad mínima es de $4,000 pesos, o sea 10 veces más de lo que hubiese pagado hace algunos años.

Lo anterior se da porque al dinero hoy no lo respalda algo tangible como antes, que estaba respaldado por oro, así que en mis talleres vemos los instrumentos de ahorro e inversión que protegen tu dinero y lo hacen trabajar para ti, dándole valor con el tiempo.

El efecto de que el dinero esté respaldado en la confianza es que la moneda valga cada vez menos, ya que no se tiene que intercambiar por nada como era antes, y hay más billetes en circulación en el mundo hoy comparado con cualquier otra época.

Lo anterior también es debido a que el dinero ahora es electrónico, por lo que cada vez requerimos más dinero para comprar las cosas que consumimos.

¿Cómo se da esta impresión de dinero, actualmente? Se da a través de bonos emitidos por el gobierno, estos bonos pueden ser **CETES (Certificado de la Tesorería)**, por poner un ejemplo, y son los bonos más conocidos, aunque existen otros bonos, como los estatales, los municipales, etc. A través de estos instrumentos que emiten los gobiernos, captan dinero del público inversionista (ellos emiten, por ejemplo, CETES y la gente invierte en este instrumento).

El tipo de economía que tenemos hoy en el mundo nos reta a saber administrar cada vez mejor nuestro dinero y hacerlo crecer con diferentes estrategias. En los talleres que imparto, me he dado a la tarea de entrenar a las personas para que conozcan las mejores formas de administrarse y de hacer crecer su dinero con las herramientas adecuadas a nuestra era, enseñándoles lo más importante, como lo mencioné antes: que le den valor a su dinero en el tiempo.

2
¿QUÉ RELACIÓN TENGO CON EL DINERO?

Una vez que ya conocimos la historia más reciente del dinero, pasamos al segundo factor que tiene que ver con nuestra relación con el dinero.

Aparte del ámbito mundial y de nuestro país, está la historia que cada uno de nosotros tiene con el dinero. Aquí surgen preguntas como:

> *¿Qué te han dicho acerca del dinero?*
>
> *¿Qué eventos has tenido y te han marcado en cuestión económica?*

¿Cuál es la idea que tienes hoy del dinero?

¿Qué historias te cuentas acerca del dinero?

Te invito a que reflexiones con las preguntas anteriores, elige una o más con las que te identifiques y escribe lo que vayas sintiendo o pensando. Este acto nos da la oportunidad de ser más conscientes de las cosas y de motivarnos al volver a leer nuestras palabras más adelante. Incluso, las puedes ir plasmando en un diario y revisarlas de vez en cuando (te comparto que yo tengo un diario y es una experiencia muy enriquecedora, ya que veo cómo voy evolucionando).

Utiliza las páginas siguientes y empieza a crear tu Diario Financiero:

_____

_____

_____

_____

_____

_____

_____

_____

_____

_____

_____

_____

_____

En fin, retomando el tema: en mi caso, el evento que tuve con el dinero que me marcó fue cuando mi papá enfermó. Él era el proveedor de la familia, y cuando dejó de trabajar empezó un caos en mi casa, ya que no sólo fue el tema emocional, sino también el económico el que se vio afectado por este evento.

En ese momento, mi vida cambió radicalmente, ya que tuve que empezar a trabajar desde temprana edad y hacerme responsable desde muy joven. Fueron momentos muy duros, aparte algo que definitivamente me despertó el deseo de entender el dinero fue ver la desigualdad económica que había en ese momento: no entendía por qué yo tenía que trabajar, mientras otros chavos de mi edad sólo se divertían (ojo, esto no era culpa de nadie, simplemente fueron las circunstancias que vivimos como familia y que me marcaron en el sentido de la desigualdad que veía en ese entonces).

Me enfrenté a una carencia económica que me hizo despertar y ver el valor del dinero.

Esta desigualdad económica sigue existiendo en la actualidad, la veo en todo momento y siento el deseo de hacer algo al respecto, por esta razón me he especializado en el manejo del dinero y he tenido el deseo de compartir contigo lo que he ido descubriendo.

Una de las cosas que pienso ahora es que el dinero es un recurso que permite pasar eventualidades de otra manera.

Sin duda, es un recurso que hace la diferencia cuando hay algún evento desafortunado y también, por supuesto, funciona perfectamente para lograr nuestros sueños.

El dinero nos da libertad de actuar y de hacer lo que deseamos.

Por todo lo anterior, es importante, por un lado, aprender la historia del dinero para saber cómo funciona y, por otro, nuestra historia con él para analizar constantemente lo que pensamos, sentimos, y hacemos en relación al mismo.

Si combinamos el conocimiento del dinero y nuestra relación con él, lograremos empezar a tomar el control del recurso económico y estaremos en el camino de cambiar nuestra realidad financiera.

Para comenzar a hablar de tu relación con el dinero, quiero que reflexiones sobre las siguientes preguntas:

> *¿Qué te decían o te dicen tus papás, familia, amistades acerca del dinero?*
>
> *¿Qué te dices tú mismo hoy en relación al dinero?*
>
> *¿Qué sentimiento tienes cuando recibes dinero?*
>
> *¿Qué es lo primero que haces cuando recibes dinero?*
>
> *¿Qué es lo primero que piensas cuando ves a una persona con dinero?*

Te voy a pedir que, como lo hice anteriormente, anotes las respuestas en las siguientes líneas o en un diario que, en serio, te recomiendo que lleves.

Observa lo que sientes, cómo te comportas ante cada pregunta, y contesta solamente cuando las respuestas vengan hacia ti, ¡no las fuerces! Puede que no sea de inmediato, sin embargo, debes estar atento para cuando lleguen.

Te dejo un par de preguntas más y luego retomamos la lectura:

> **¿Recuerdas algún evento que te haya marcado?**
>
> **¿Qué sientes cuando recibes dinero?**
>
> **¿Sientes que va a llegar más, sientes que no es suficiente, sientes que no te lo mereces o te lo quieres gastar de inmediato?**
>
> **¿Piensas que tienes que trabajar duro para conseguirlo?**

Utiliza las páginas siguientes y empieza a crear tu Diario Financiero:

_____

_____

_____

_____

_____

_____

_____

_____

_____

_____

_____

_____

_____

Con todas estas preguntas, lo que vas a lograr es observar qué paradigmas tienes en relación al dinero, por eso es tan importante responderlas honestamente.

Nuestra relación con el dinero tiende a ser disfuncional: lo podemos odiar en un momento y amar en otro; podemos quererlo y a la vez no querer saber nada de él; podemos ser aprehensivos y no quererlo gastar o gastarlo todo una vez que llega a nuestras manos.

Todo lo anterior viene de un condicionamiento, una programación que hemos tenido a lo largo de nuestras vidas, incluso antes de nacer. Así como los rasgos se transmiten de generación en generación a través del ADN, otras condiciones también se heredan y pueden afectar nuestro desarrollo.

Por ejemplo, si nuestra madre sentía angustia económica antes de que naciéramos, nos la transmitió, también.

Con esto, no trato de culparla, porque ella también tiene un condicionamiento heredado, sino que **la responsabilidad de cambiar dicha condición es de nosotros.** Ya lo dijo Bill Gates: *"Nacer pobre no es tu* *culpa, morir pobre sí lo es*". Esto es fuerte, sin embargo, me parece que está en lo correcto en muchos casos.

Otra situación que provoca que tengamos una relación disfuncional con el dinero es la falta de conocimiento acerca del mismo. Esto es algo curioso, porque la mayoría de nosotros, en algún momento, manejamos dinero y al parecer no existen manuales para saber manejarlo, preferimos que otros se encarguen de nuestro dinero y no tomamos responsabilidad de él.

Me di cuenta de esto cuando salí de la carrera de Finanzas: tomé todas las materias de mi carrera y ninguna contemplaba la idea de enseñar cómo manejar mi dinero; haciendo memoria, tampoco en mi casa se hablaba de esos temas. Entonces, saliendo de la universidad tomé la decisión de estudiar Finanzas Personales a fondo. En ese momento, había muy poca bibliografía y no era un tema del que se hablara como lo es ahora, en esos tiempos el que empezó a hablar del tema fue Robert Kiyosaki con su libro *Padre rico, Padre pobre*. Él se convirtió en mi mentor, y gracias a él empecé a entender muchos conceptos y, sobre todo, a ponerlos en práctica para lograr resultados diferentes en mis finanzas.

Experimenté durante algunos años los conceptos que iba aprendiendo de Robert, y después de otros representantes del tema como T. Harv Ecker con su libro *Los Secretos de la Mente Millonaria*, me interesaba mucho ponerlos en práctica para medir los resultados que iba obteniendo. Fue una experiencia increíble, porque después de 3 años de aplicar los conceptos ya tenía mi primer negocio y ya podía decidir salirme de una jornada laboral, porque mi negocio me daba lo que necesitaba para vivir. En ese momento, experimenté la libertad financiera.

Comencé a invertir en un negocio a la par de mi trabajo, durante 3 años trabajé todos los días, incluso sábados y domingos. Otro punto clave es que reinvertí todo el dinero que iba generando de los negocios, y después de 3 años ya tenía 3 sucursales que me daban el ingreso suficiente para tener el estilo de vida que quería en ese momento. Aquí, realmente, estaba viviendo la libertad financiera.

Fue gracias a esta experiencia que decidí hacer mi tesis y la llamé *"Finanzas Personales: El Camino Hacia la Libertad Financiera"*, la cual fue otro detonante en mi vida, porque esta tesis llamó mucho la atención y me abrió la posibilidad de dar mi primera conferencia para 200 personas; de ahí, surgieron los talleres y conferencias que ahora imparto, así como participaciones en radio y televisión, y escribir en el periódico El Economista. En verdad, fue algo sorprendente cómo el tema me llevó a lugares que no imaginé.

A lo largo de estos 20 años en los que he estudiado y experimentado las Finanzas Personales, he reflexionado sobre el comportamiento del dinero y de mi comportamiento hacia él.

Ha sido una gran aventura, ya que el 90% de nuestro comportamiento con el dinero viene del subconsciente, ¿y qué significa esto? Que viene de lo que aprendimos durante los primeros 7 años de nuestras vidas, por eso es que sólo actuamos y ya, por eso tenemos los mismos resultados financieros y nos preguntamos *"¿Por qué?"* La respuesta es: *Porque actuamos en automático.*

Para cambiar nuestra condición económica, debemos cambiar esa programación que está en nuestro subconsciente, en nuestra mente, a través de observarnos y de hacernos las preguntas que he ido compartiendo, reflexionando sobre la información que nos va llegando, y haciendo pequeños cambios, un paso a la vez.

Regularmente, la cultura en nuestro país y en general en Latinoamérica marca el hecho de que no somos ambiciosos en cuanto al dinero se refiere (esto es, mostrarnos como si no lo quisiéramos), y posiblemente me vas a decir que esto no es cierto, sin embargo, una forma de verificar esto es cómo te expresas de los ricos, de los que ya tienen dinero. Si lo que opinas de ellos es que son avariciosos o que se dedican a cosas ilícitas o que han hecho su dinero a través de malas prácticas, esta forma de pensar es una forma de rechazar al dinero, ya que le estás diciendo realmente a tu subconsciente que no quieres dinero, porque los ricos son de tal o cual manera.

Y aquí les quiero preguntar: *¿Alguna vez se han enamorado? ¿Qué hacían para conquistar a su pareja?* Y se preguntarán, **"¿Qué tiene que ver esto con el dinero?"** y aquí viene otra pregunta: *¿Les gustaría estar con alguien que no quiere estar con ustedes? ¿Alguien que no les cuida?*

Lo mismo pasa con el dinero, hay que quererlo, cuidarlo, mantenerlo, cultivarlo, tomarlo como un medio para lograr un fin, enfocarse para que crezca, y dejar que fluya. En realidad, al dinero no le gusta ser protagonista, él tiene muy claro cuál es su rol en el juego de la vida: *ser una herramienta para lograr nuestras metas.*

El dinero es energía y fluye a través de las personas que lo desean tener, lo procuran, y lo comparten.

Te quiero compartir lo que he descubierto a través de las preguntas que te planteo en los párrafos anteriores: la mayoría de las personas tiene al dinero como la principal razón por la cual hacen las cosas, y esto es normal, ya que vienen de una cultura que se ha desarrollado en torno al dinero. Si no me crees, pregúntale a la mayoría de las personas que conozcas por qué están haciendo lo que hacen actualmente en sus trabajos o negocios, y todos (o casi todos) van a responder que lo hacen *por ganar dinero* y no porque realmente les guste hacer lo que hacen.

Esta es la nueva esclavitud y es algo que como sociedad hemos aprendido, a hacer las cosas por dinero.

La buena noticia es que tenemos la capacidad de cambiar este condicionamiento, y no estoy diciendo que no hagamos las cosas para ganar dinero, lo que quiero decir es que hagas las cosas que amas y el dinero vendrá solo. Encuentra lo que realmente te apasiona para que lo hagas sin esperar nada a cambio y verás resultados extraordinarios en tu vida.

Una de las preguntas clave para descubrir tu pasión es: *¿Qué harías sin que te pagaran?*

Contesta esto y una vez que lo sepas compártelo con los demás, agrégales valor, y busca la manera de que esta actividad sea retribuida.

Te voy a dar un ejemplo: a mí me gusta mucho escribir y lo haría sin que me pagaran, sin embargo, escribo este libro y otras cosas que me generan ingresos.

Regresando al tema de los condicionamientos, recientemente acabo de descubrirme uno (no es el primero que he descubierto, pero sí uno de los más sorprendentes): en mi casa, de pequeño escuché muchas veces decir que *"es mejor ser pobre, pero honrado"*. No era consciente de este pensamiento, ya que estaba en mi subconsciente, y me hacía actuar en consecuencia de éste, desprendiéndome inmediatamente del dinero porque, como se dice coloquialmente, *"se me quemaban las manos"* si no lo gastaba. Una vez que hice consciente este pensamiento, lo sustituí con otro pensamiento positivo, *"yo soy millonario y honrado"*, y lo repetí diariamente durante 6 meses, en la mañana cuando me despertaba, durante el día cuando sentía angustia por dinero y antes de dormir.

Nosotros tenemos la capacidad de reprogramar nuestra mente, y al estarme repitiendo esta frase varias veces al día durante meses funcionó muy bien. Lo importante es que comiences a observar tus *pensamientos*, tus *acciones* y tus *sentimientos* en relación al dinero.

Si detectas un **pensamiento negativo en relación al dinero**, no lo resistas, obsérvalo y crea una frase positiva que sustituya ese pensamiento. Escríbelo en algún lado donde puedas leerlo todo el tiempo, recuerda que tienes el poder de reprogramarte a través de la repetición de frases.

Si detectas un **sentimiento de dolor o miedo en relación al dinero**, no lo reprimas, déjalo que salga y obsérvalo. Detecta de dónde viene ese sentimiento, ¿qué pensamiento lo está provocando?, ¿qué recuerdo lo está detonando?, ¿qué estás viviendo en este momento que detona este sentimiento?

Cuando hayas detectado el condicionamiento, **crea una frase positiva y contraria al condicionamiento negativo que detectes**, repítela lo más que puedas, y ajústala hasta que quede como tú te sientas mejor. Una vez que adoptes este nuevo pensamiento, haz la prueba y comparte con otros lo que vas descubriendo.

Recuerda que somos seres de repetición: entre más escuchamos algo, más se nos graba en la cabeza y después ya es parte de nosotros. Así es como fuimos programados en la infancia, sólo que ahí no éramos conscientes de ello, simplemente escuchábamos algo y lo aceptábamos.

Ahora, no tiene nada de malo querer dinero. La humildad, la honradez y otros valores no tienen nada que ver con si tienes dinero o no. Hay personas con poco dinero que son soberbias y también las hay humildes, lo mismo pasa con las personas que tienen dinero: las hay humildes y soberbias. El concepto de la humildad tiene que ver con la humildad que tenemos en el corazón y no con la humildad económica.

Hay una máxima que dice que el dinero no cambia a las personas, simplemente hace que se vean más sus virtudes o sus defectos.

Como sociedad, nos han enseñado que el dinero es malo, que cambia a las personas, que solamente lo obtienen los avariciosos, además de otras frases que de seguro vas a reconocer: *"El dinero no crece en los árboles"*, *"No hay dinero que alcance"*, *"Es más fácil que un camello pase por el ojo de una aguja que un rico"*, y esto es totalmente falso, sólo son condicionamientos que hemos adoptado socialmente y que se han dado en gran medida por desconocimiento de cómo funciona realmente el dinero.

El dinero es un instrumento con el cual tenemos la oportunidad de compartir con otros. De hecho, si lo usamos también con el fin de compartir con los demás, regresa a nosotros de manera constante, nos volvemos un canal donde fluye constantemente, y cada vez fluyen mayores cantidades.

Me encantó lo que dijo el dueño de la empresa Alibaba, Jack Ma, en relación a esto: *"Yo sólo soy un administrador de toda la riqueza que tengo, el dinero está al servicio de toda la gente que ha confiado en mi empresa"*. WOW, ¡qué nivel de consciencia de este empresario!

Me gusta siempre mirar ambos lados de la moneda: si bien, es cierto que hay empresarios que sólo ven la parte económica, también están los que ven la parte de compartir y ser canales para que las demás personas prosperen. Otro ejemplo de empresarios que ven por el bien común es Bill Gates con su fundación para erradicar la polio en el mundo, ha destinado una buena parte de su fortuna para mejorar la vida de otros.

De la misma forma podemos ver que, por un lado, *el dinero tiene su historia,* y por otro *nosotros tenemos una historia con el dinero.* Hay que comprender y conocer a fondo estas historias para poder relacionarnos mejor con el dinero. Si no lo hacemos así, sería lo mismo que entrar a un juego sin reglas.

¿Qué pasaría si no conociéramos las reglas de un juego? Imagina un partido de fútbol sin reglas, todos corriendo tras el balón, tomando el balón con las manos, si hubiera alguna falta no se marcaría... En fin, sería un caos y no sería divertido como lo es hoy, por eso debes conocer las reglas del juego del dinero, entenderlas, y practicarlas para que se hagan parte de ti.

Es por lo anterior que te invito a que despiertes tu interés verdadero por el dinero, a conocer cuáles son las reglas que existen hoy, cuál es tu relación con el dinero y cómo puedes tener una mejor interacción con este recurso que nos ofrece tantas cosas. Me gusta la frase que dice: *"El dinero no es la felicidad, sin embargo, te pone a un paso de ella".*

Personalmente, un libro que me apoyó mucho a saber cómo manejar el dinero y a entender algunas reglas que siguen vigentes al día de hoy es *El hombre más rico de* Babilonia, de George S. Clason. Es un libro con pocas páginas y mucha sabiduría, ¡te sugiero que lo leas!

3
COMPORTAMIENTO ACTUAL DEL DINERO

Me gustaría empezar con algunas preguntas en relación al dinero: ¿Cómo se comporta? ¿Cuáles son las nuevas reglas del dinero? ¿Por qué no hay alguien que explique las nuevas reglas? ¿Qué es el dinero en sí? ¿La problemática económica actual realmente es por falta de dinero? ¿Sabes cuánto dinero circula hoy en el mundo?

Contestando a una de las preguntas anteriores, sobre si la falta de dinero es una de las problemáticas de nuestra economía, la respuesta es no y te voy a poner un ejemplo: hay una estadística bastante reveladora sobre las personas que ganan la lotería y es que, al poco tiempo de recibirla, terminan endeudados, sin familia, sin amistades, ¡sin dinero! Y la lista podría seguir, pero aquí se rompe claramente el paradigma de que el problema es la falta de dinero, porque la mayoría de estas personas acaban viviendo en peores condiciones de las que estaban. Esto se debe básicamente al desconocimiento sobre el dinero y la relación con él. Como estas personas no están listas para recibir grandes cantidades de dinero, lo desperdician en un estilo de vida que no saben manejar. Otros ejemplos también pueden ser artistas, deportistas y empresarios que han vivido esta situación.

Se hizo un ejercicio hipotético en el que se dice que si la riqueza del mundo se distribuyera en la misma proporción entre todos los seres humanos, volvería a las mismas manos que la tenían antes, porque las personas que actualmente tienen dinero están acostumbradas a saber cómo generarlo y cómo gestionarlo para que siempre vuelva a ellos. Por eso, si queremos aspirar a una mejor distribución de riqueza, cada uno de nosotros debe tomar responsabilidad sobre el manejo de su dinero y, sobre todo, de prepararse mentalmente para saberlo manejar.

Ahora bien, debemos preparar nuestra mente para manejar pequeñas o grandes cantidades de dinero. Comienza ahora con el dinero que estás generando, sin importar la cantidad, ya que otro de los mayores paradigmas entre las personas es la creencia de que administrarás mejor tu dinero cuando tengas mayores cantidades, y esto es falso. No tiene que ver con la cantidad de dinero, tiene que ver con los hábitos que tengas para manejarlo, es lo mismo en lo grande y en lo pequeño.

Quiero contarles una experiencia que tuve cuando tomé un seminario de inversiones.

El instructor de este seminario era una persona muy conocida en el ambiente financiero de nuestro país y nos hizo una pregunta con la que descubrí que el tema no es el dinero en sí: nos preguntó a todos en la clase si alguien tenía un proyecto en el que se pudieran invertir 10 millones de pesos y que los hiciéramos producir.

Literalmente, nos ofreció 10 millones de pesos y nadie en la clase levantó la mano, éramos más de 40 participantes y ninguno de los que estábamos allí estaba preparado para manejar esa cantidad de dinero, ¡ninguno de los presentes tenía idea de en qué invertir esos recursos!

Vi cómo esa oportunidad se esfumó ante mí porque no estaba preparado mentalmente para recibir todo ese dinero y ponerlo a trabajar, fue un gran impacto en mi vida, porque ahí descubrí que no se trataba del dinero, sino de estar preparado para manejar esas cantidades.

Además de prepararnos para pensar y generar grandes cantidades de dinero y cómo podemos hacerlo crecer, también necesitamos capacitarnos para darle valor a ese dinero que estamos ganando o que podemos utilizar en algún proyecto productivo.

La forma de prepararnos para recibir dinero es, primero que nada, **apreciar el dinero que ya tenemos actualmente**, sea cual sea la cantidad. Apreciar las cosas trae abundancia, la queja trae escasez, así que entrena tu mente para estar siempre del lado de la apreciación. Esto es una práctica constante, como seres humanos tendemos a quejarnos mucho y esto nos aleja de la abundancia, intenta dejar de quejarte por 24 horas y comenzarás a ver cambios en tu vida.

La segunda cosa que me ha funcionado y que les comparto es **aprender a manejar tus emociones en relación al dinero**. Cuanto más controles el impulso de hacer compras innecesarias o el miedo a perder dinero o el miedo a que no haya más, por dar algunos ejemplos, más posibilidades tendrás de conservar tu dinero por más tiempo y empezar a invertirlo. Recuerda que en el juego del dinero es más importante cuando conservas lo que ganas, que lo que ganas en sí.

Un ejemplo de esto es: ¿Quién tiene más riqueza económica, una persona que gana $100,000 y gasta los mismos $100,000 o una persona que gana $10,000 y ahorra $3,000?

La tercera cosa que nos ayuda mucho a recibir más dinero y que nos sea bueno es **compartirlo con otros en causas en las que creas**, apoyando a personas que están desamparadas. Todos hemos tenido alguna experiencia que nos conecta con alguien.

Por ejemplo, en mi caso, apoyo mucho a jóvenes que desean una oportunidad en la vida y siembro en ellos parte del dinero que gano, así como algunas personas lo hicieron conmigo cuando yo era joven, ya que por el evento que les mencioné en otro capítulo, conté con la fortuna

de que me apoyaran para salir adelante, por eso ahora deseo contribuir con esta causa.

Es importante saber que el dinero en sí no tiene valor, porque está respaldado por la simple confianza en el sistema económico, lo que lo hace muy volátil. Entonces, ¿cómo podemos dar valor a nuestro dinero?

Debemos respaldar el dinero que ganamos en activos e invertirlo de una manera que le demos valor, lo cual veremos más adelante.

Y aquí puede iniciar una conversación que he tenido muchas veces: **¿Cómo puedo invertir dinero de lo que gano, si prácticamente gasto todo lo que gano?**

Aquí te diría 2 cosas: la *primera* es que hagas un presupuesto de todo lo que gastas, porque puede ser que tengas esa creencia y no sea cierta. En mis talleres, las personas tienen la idea de que no les alcanza para ahorrar y después invertir, sin embargo, cuando hacen este ejercicio de realizar un presupuesto, el 70% de las personas se dan cuenta de que sí tienen posibilidades de generar ahorros.

La *segunda* es que el primer pago que tienes que hacer es a ti mismo y luego a todo lo demás. ¿Qué significa pagarte a ti mismo primero? Destinar una cantidad quincenal, mensual o cada vez que ganes una comisión a tu cuenta de ahorros y luego paga todo lo que tengas pendiente. Sé que aquí tendrás otra opinión, porque estamos acostumbrados a pagarle a todos primero y *"si nos queda algo al final"* lo ahorramos, y esta es la razón por la que normalmente nunca ahorramos. Sé que es más incómodo primero ahorrar y luego pagar, sin embargo, es la única manera de empezar a hacer crecer tu patrimonio. Si detectas que después de ahorrar no te alcanza para pagar tus cuentas, empieza a pensar en generar más ingresos y no a través de otro trabajo, sino a través de un negocio o la venta de un producto.

Usa tu creatividad y empieza a detectar oportunidades para generar más ingresos.

Recuerda también que el dinero que ahorras es para invertir y no para gastar después.

Hablando de generar más ingresos, una de las ventajas hoy en día es que el dinero es electrónico, se mueve en grandes cantidades por todo el mundo, lo que nos permite acelerar su crecimiento. ¡Con una simple idea, podríamos generar millones de pesos o dólares!

Tenemos herramientas como las redes sociales con las que podemos aprovechar para que nuestra idea sea conocida prácticamente en todo el mundo y generar dinero. Aquí tenemos el ejemplo de *Facebook*, una compañía que se generó bajo la idea de que la gente estuviera conectada a través de internet y que pudieran publicar su vida social con otras personas. Esto ha sido un *boom*, se generó a través de una idea y se dio a conocer de manera exponencial por el mismo internet, ahora no sólo conecta a la gente, sino que es un medio de venta e información muy poderoso que, además, monetizan bastante bien (para conocer más de la historia de cómo nació Facebook, les recomiendo que vean la película *Red Social*).

El dinero en sí es energía. Si realmente quieres ver grandes cantidades en tu vida, debes beneficiar al mayor número de personas con algún servicio o producto y darlo a conocer en todo el mundo, que sea un producto o servicio que la mayoría necesite o que resuelva un problema que tenga la mayoría de las personas. De esta manera, fluirá hacia ti en grandes cantidades, sólo que hay que prepararse para recibir el dinero, como ya lo vimos líneas arriba, debido a que es energía. Si no estás preparado, puede que hagas cortocircuito, como les ha pasado a los ganadores de la lotería o deportistas, empresarios o artistas que han tenido mucho y terminan en una situación de carencia, ya sea económica, de relaciones o de salud, debido a que no se han preparado para manejar grandes cantidades de este recurso.

Otra forma que he descubierto para prepararse a recibir grandes cantidades de dinero es **crecer personalmente**. Acompaña tu crecimiento profesional y económico con tu crecimiento espiritual y personal, lo puedes hacer a través de lectura de libros, asistir a seminarios de desarrollo personal, practicar la meditación, pertenecer a algún grupo de crecimiento espiritual, etc. Lo importante es la intención que tengas de crecer; teniendo la intención, la información te va a llegar.

Ahora bien, si el dinero no es el problema, ya que hay mucho en el mundo, ¿qué está pasando? Hay una problemática hoy en el mundo con relación al dinero, ya que la brecha entre los que tienen y los que no tienen, cada vez se hace más grande.

Te voy dar un dato escalofriante: al día de hoy, el 97% del dinero en el mundo está en manos del 3% de las personas.

Este fenómeno es alarmante y se da porque todos los que estamos en la clase media (la parte de en medio) no tomamos el control de nuestro dinero, y ni hablar de la llamada clase baja... Se lo damos a diferentes instituciones o empresas para que lo administren o para endeudarnos y comprar cosas que no necesitamos.

Esto hace que la brecha sea cada vez más grande, porque una gran masa deja su dinero en manos de los que más tienen y esto es por voluntad propia.

Por ejemplo: meses sin intereses es una forma de mantener cautiva a la gente por 3, 6 o hasta 24 meses y en ningún momento las empresas nos obligan a hacer esto, caemos en este juego por falta de manejo emocional y financiero.

Otro ejemplo es cuando tenemos dinero ahorrado en el banco, ahí nuestro dinero trabaja muy poco.

Y esto se explica con el siguiente diagrama (autoría de mi mentor, Robert Kiyosaki):

CUADRANTE DEL FLUJO DEL DINERO

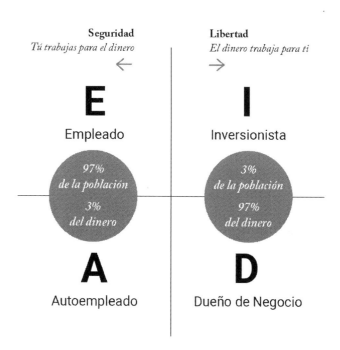

En el *lado izquierdo* del cuadrante se encuentran los Empleados y los Autoempleados, esta parte del cuadrante está conformada por el 97% de la población y solo el 3% del dinero mundial está de ese lado.

En el *lado derecho* del cuadrante, se encuentran los Inversionistas y Dueños de Negocios, este lado está conformado por el 3% de la población mundial, la cual administra el 97% del dinero que hay en el mundo.

Es una proporción abismal y sigue aumentando por una sencilla razón: los del lado izquierdo del cuadrante dan su dinero a los del lado derecho.

¿Cómo sucede esto?

Recordemos que el lado izquierdo del cuadrante está formado por Empleados y Autoempleados (si quieres saber más sobre el cuadrante, puedes leer el libro *El Cuadrante del flujo del dinero*, de Robert Kiyosaki), ellos generan ingresos y suelen usarlos de dos formas: gastar una parte y ahorrar otra, o gastarlos totalmente.

Una parte de lo que ganan los E, A es para gastos, esto incluye necesidades básicas, como vivienda, alimento y vestido, pero hay otro gasto que habría que ver si realmente es necesario, porque es donde la mayoría pierde su dinero: meses sin intereses, bienes que no generan valor en el tiempo y que son fabricados por empresas que están del lado derecho del cuadrante (televisiones, automóviles, artículos de lujo).

En cuanto al ahorro que pueden generar, los E, A ahorran habitualmente en entidades financieras que dan rentabilidades por debajo de la inflación, lo que hace que el dinero ahorrado valga cada vez menos, además de que el dinero que reciben dichas instituciones lo prestan con rendimientos más altos y hacen dinero con el dinero de los ahorradores, ¿lo ves?

Por cierto, estas instituciones financieras también se encuentran en el lado derecho del cuadrante. Y quiero aclarar que no tengo nada en contra de las instituciones financieras, al contrario, son una gran herramienta para el manejo del dinero. La distinción que quiero hacer es que, para hacer que el dinero que tienes ahorrado o vas a ahorrar realmente crezca, debes invertirlo en otro tipo de activos y no en una cuenta de ahorros.

Por supuesto, muchas personas prefieren guardar su dinero en el banco o debajo del colchón, porque es una salida más fácil que buscar activos para hacer crecer su dinero. Sin embargo, con la explicación anterior, podemos ver cómo el lado izquierdo del cuadrante entrega su dinero al lado derecho del cuadrante. Y tú, *¿de qué lado quieres estar?*

Si realmente quieres estar en el lado derecho del cuadrante y tener más recursos económicos, necesitas tomar el control de tu dinero, posponer un poco la recompensa, analizar muy bien tus hábitos de compra, y tomar responsabilidad por la inversión de tu dinero.

Esto último suena más simple de lo que parece, sin embargo, es cuestión de acostumbrarse a hacerlo:

- *Primero*, reconoce que deseas mejorar tus finanzas y haz un plan de acción, comienza con pequeños pasos, que sean constantes, una cosa a la vez.

- Lo *segundo* es encontrar un motivador lo suficientemente fuerte para comenzar a ahorrar, ya que el ahorro es la base para hacer crecer tu patrimonio.

- Y lo *tercero* es invertirlo en activos, que veremos más adelante.

El reflejo de tu situación financiera es un reflejo interno, por eso lo primero es mirar hacia adentro. Si no te preparas para tener dinero, puede que nunca llegue, o si llega se irá muy fácilmente o incluso te harás daño.

Hay tres elementos que debes considerar al prepararte para recibir dinero:

1. **Necesitas ganar cada peso que llegue a tu cuenta.** Me gustaría hacer consciente una cosa: vivimos en una sociedad donde queremos que

todo salga fácil y rápido, sin embargo, el camino de generar riqueza en nuestras vidas es un camino arduo. Tenía que decírtelo en algún punto. Si crees que verás resultados inmediatos, desde ahora te digo que esto no funciona así. Cambiar nuestras finanzas y ver mejoría en ellas lleva su tiempo.

2. **Comparte una cantidad de lo que ganes con una causa que busque el bien común.** Esta parte es como si tuvieras una alianza con la Luz, Dios, el Universo o como quieras llamarlo. Este es un antídoto infalible para que no perdamos el rumbo en nuestras vidas. Aquí, lo que quiero compartir contigo es que mientras menos personas sepan que haces estas donaciones, mejor, y hacerlas con la conciencia de ser un canal y no de recibir algo a cambio.

3. **Busca el bien para los demás y no sólo para ti y tu familia con la actividad que estás realizando.** Ya seas Empleado, Independiente, Emprendedor o Inversionista, siempre debes apoyar al mayor número de personas para atraer hacia ti la abundancia y prosperidad que estás destinado a recibir. En cualquier posición en la que te encuentres, puedes beneficiar a muchas personas.

Entonces, el enfoque no debe estar en el dinero en sí, no estamos aquí solo para pagar cuentas, tu enfoque debe estar en buscar un propósito más elevado de lo que estás haciendo, beneficiar al mayor número de personas en el mundo.

Si te concentras en apoyar a los demás y contribuir con tus dones y talentos al servicio de otros, el dinero llegará automáticamente.

Lo anterior nos lleva a un estado, que es el propósito de todo ser humano, y es el de la verdadera prosperidad. ¿Y qué significa la verdadera prosperidad? Es tenerlo todo, buenas relaciones, salud, dinero, bienestar, etc. Nos hemos comprado el cuento de que tenemos que elegir entre una cosa y otra, cuando la vida nos quiere dar todo, sólo tenemos que sintonizarnos a la prosperidad.

Es un estado interno, no viene de afuera, no depende de la economía, ni de si un cliente compra o no, o de si no le agradas a tu jefe, este estado viene desde adentro y nos lleva a tenerlo todo en la vida, teniendo en cuenta los siguientes puntos:

- Encontrar una actividad o negocio donde beneficiemos con nuestro trabajo al mayor número de personas en el mundo.
- Merecer lo que recibimos.
- Invertir nuestro dinero.
- Compartir con los demás.
- Ser un canal para otros.

Nuestro trabajo para tener dinero en nuestras vidas y lograr la verdadera prosperidad es el **cambio de conciencia**. Es un cambio interno, es empezar a salir de ti mismo, dejar de ver sólo tus necesidades para empezar a ver las necesidades del otro y ver en qué puedes apoyar, aportando tus dones, encontrando lo que vienes a dejar en este mundo.

4
¿CÓMO CRECE NUESTRO DINERO?

Lo primero en lo que me gustaría profundizar al inicio de este capítulo son las formas actuales para generar dinero.

Como ya vimos en el capítulo anterior, de acuerdo al diagrama de Robert Kiyosaki, existen los Empleados, Autoempleados, Dueños de Negocio e Inversionistas.

Ahora, revisemos a detalle estas **cuatro formas de generar ingresos**, sus ventajas, desventajas y los riesgos ante el cambio que pueda surgir en la economía.

Así como un solo cambio en una secuencia de ADN puede

tener efectos de gran alcance en un organismo, una sola decisión financiera puede afectar significativamente la salud financiera de una persona.

Empleados

En general, la mayoría de la gente piensa en un **trabajo** cuando habla de generar ingresos, porque ha sido un patrón aceptado (un código genético) durante años.

Hoy en día, es fundamental tener diferentes fuentes de ingresos, porque cada vez se requiere más dinero para mantener un estilo de vida. Es por eso que, aunque seas empleado, requieres de otras fuentes de ingresos, principalmente por 2 razones: la *primera* es para mantener o mejorar tu nivel de vida, si así lo deseas, y la *segunda* es para tener libertad en el futuro (es decir, que tengas la oportunidad de decidir si quieres seguir siendo empleado o continuar trabajando sin otras opciones para generar ingresos).

Es muy triste ver personas que se levantan todos los días para ir a trabajar solo para cubrir los pagos que tienen cada mes, esto los pone en una situación de esclavitud moderna, por lo que se recomienda que el empleado tenga otra fuente de ingresos, que vaya construyendo un negocio a la par de su trabajo. Claro que mucha gente va a rechazar esto, porque implica un mayor esfuerzo; implica, quizás, sacrificar sus tardes o sus fines de semana, sin embargo, la satisfacción vale la satisfacción.

Cuando escuché este concepto de construir un negocio a la par de mi trabajo, quedé en *shock*; pensé, "*¿En qué momento trabajo tanto?*"; luego, lo digerí y, finalmente, tomé la decisión de hacerlo. Créeme, ha sido una de las mejores decisiones y experiencias que he vivido.

Recuerdo haber leído el libro *Padre rico, Padre pobre*, de Robert Kiyosaki donde decía que me capacitara en ventas y comenzara un negocio además de mi trabajo. Hice ambas cosas al mismo tiempo: entré a trabajar en una empresa de ventas y, después de un año de estar allí, comencé mi primer negocio. La verdad es que en ese momento fue más fácil de lo que pensaba. Era simplemente una cuestión de concentración y ganas de comprobar lo que estaba leyendo. Me pareció un plan perfecto y tomé la decisión para llevarlo a cabo.

Gracias a esto, logré tener **libertad financiera** a 3 años de iniciar mi primer negocio. Trabajé durante esos 3 años todos los días, sacrifiqué fines de semana, algunas fiestas, algunos viajes y me tomé el tiempo para trabajar y hacer crecer el negocio que había emprendido. Una de las claves para lograr esta transición en 3 años fue que no tomé ninguna de las ganancias del negocio, lo dejé crecer hasta que sus ganancias me dieron los ingresos que necesitaba para vivir.

Cuando tenía 3 años en el negocio, tomé la decisión de dejar mi trabajo y dedicarme de lleno a mi negocio, y en ese momento experimenté la llamada libertad financiera (se logra cuando un activo te da ingresos suficientes para que puedas puede cubrir tus gastos sin que tengas que estar trabajando en ello). En este punto, quiero señalar algo: es importante supervisar siempre los negocios, aunque no requieran de tu tiempo para trabajar en ello, debes destinar un espacio para supervisar y seguir creciendo, siempre requerirá de tu presencia de alguna manera.

Después de esta gran experiencia, comencé a hacer crecer el negocio e invertir en otros activos, tuve la oportunidad de invertir en la bolsa de valores, he iniciado otros negocios, algunos han funcionado, otros no, sin embargo, ha sido una experiencia de aprendizaje enorme, es como si estuvieras estudiando una maestría en negocios en la mejor universidad del mundo, solo que aquí es en la vida real.

Actualmente, invierto en Bienes Raíces y también estoy en el negocio inmobiliario. En este último, ya tengo 16 años de experiencia, incursioné en este gran negocio un año después de haber tenido la libertad financiera de ese momento.

También, doy conferencias en universidades y para particulares, así como talleres en empresas, universidades y también para particulares, todos enfocados a mejorar el Bienestar Financiero de las personas y promover la cultura del emprendimiento y la inversión.

Después de este breviario cultural, quiero volver al tema de generar diferentes fuentes de ingresos. Ya vimos anteriormente una de las formas en las que puedes generar otros ingresos siendo un empleado (construyendo un negocio a la par de tu empleo), voy a mencionar otras formas más adelante, pues aplican a todos los involucrados en el cuadrante.

Independientes

Ahora, quiero hablar de los Independientes. Primero, voy a definir quiénes entran en esta categoría: profesionales como contadores, administradores, médicos, dentistas, psicólogos, *coaches*, mecánicos, plomeros; personas que tienen un negocio y ese negocio depende de ellos para que funcione, puede ser una tienda, una profesión o un comercio. Sin la presencia de quien realiza la función del negocio, éste dejaría de existir.

Esta categoría podría confundirse con ser dueño de un negocio, sin embargo, la principal diferencia entre ambos es que, como mencioné antes, los ingresos del negocio independiente dejan de existir si la persona que genera los ingresos no está; mientras que en un negocio los ingresos continúan, aunque el dueño no esté. Lo anterior se logra creando sistemas que faciliten la operación del negocio, teniendo empleados, e invirtiendo en él para que cada vez requieran menos al dueño.

Aquí, he encontrado un paradigma muy importante en las personas y dichos que nos han transmitido: *"En el ojo del amo engorda el caballo"*, *"Nadie sabría hacerlo mejor que yo"*, *"La gente viene al negocio por mí"*, solo por mencionar algunas, y todo lo anterior es totalmente falso. Imagínense una empresa como Bimbo y que su dueño pensara así: *"No, es que yo tengo que repartir el pan"*, *"Nadie tiene el pan como yo"*, *"Si no voy a las tienditas, no van a querer comprar mi producto"* ... ¡Nos hubiera privado de esta gran empresa que genera tantos empleos! El dueño de Bimbo creó un sistema de fabricación y distribución de pan, llevando a Bimbo a ser una de las empresas más grandes de México y del mundo.

Es muy importante como autoempleado trabajar en los paradigmas anteriores, ya que de lo contrario serán esclavos de su negocio. Me parece que los autoempleados tienen una gran oportunidad de convertir su negocio en empresa más rápido, ya que tienen todo el *know-how* (cómo hacerlo), solo deben empezar a apalancarse con sistemas, dinero y empleados, además de invertir tiempo y dinero en el crecimiento de su liderazgo, ya que el negocio crece a medida que lo hace el dueño.

Dueño de Negocio

Los dueños de negocios son aquellos que tienen una empresa funcionando sin que su presencia sea necesaria para su funcionamiento, es decir, estén o no la empresa sigue generando ingresos.

Bajo mi punto de vista, no importa el tamaño de la empresa, puede ser desde un empleado en adelante para ser considerado dueño de negocio.

El rol del dueño de negocio es asegurar que todas las piezas estén funcionando y dirigir la visión de la empresa, estrategias de crecimiento, nuevos mercados, evaluar la situación financiera, medir resultados, etc.

Los empresarios crean sistemas que funcionan sin que ellos tengan que estar ahí: contratan personas para hacer diferentes tareas, implementan sistemas administrativos, contables e informáticos para que todo funcione de la mejor manera.

En este punto, te diría que lo más importante es la visión que tengas para tu negocio. Si tienes la visión de querer hacer todo solo, no lograrás el crecimiento que obtiene una empresa, por eso lo más importante es que desarrolles una mentalidad de crecimiento a través de los demás, de confianza y apertura ante las personas que te llevarán al nivel que siempre soñaste o que no sabías que podías alcanzar. Muchas veces, es esto último. Cuando una empresa experimenta un crecimiento exponencial, regularmente el creador de dicho negocio no previó ese crecimiento, siempre superará nuestras expectativas.

En México, existe una inmejorable oportunidad para desarrollar empresas, es momento de iniciar negocios y llevarlos a un nivel muy alto, ya que existen una serie de servicios y productos que las personas de nuestro país y el resto del mundo requieren hoy en día. Recordemos que hoy el mercado es global y que podemos llegar a cualquier país del globo terráqueo.

Inversionistas

Los inversionistas son quienes colocan su dinero en activos, como empresas, bolsa, bienes raíces y la nueva inversión llamada *bitcoins*.

Estas personas siempre están buscando dónde poner a trabajar su dinero, siempre buscarán el mayor retorno en el menor tiempo posible y que su inversión esté respaldada por algo tangible.

Los inversionistas suelen tener varios negocios, siempre están buscando oportunidades y realmente preparan su mente para verlas.

Ahora que analizamos las *cuatro formas de generar ingresos*, lo que quiero compartir contigo en este momento es que puedes estar en uno o más escenarios de generación de dinero, ¿a qué me refiero?

Puedes ser empleado y ser inversionista, puedes ser independiente y empleado o dueño de negocio e inversionista, independiente e inversionista, en fin, incluso puedes llegar a ser empleado, independiente e inversionista (es más, te diría que siempre busques estar en al menos 2 escenarios).

Es un hábito que se va desarrollando con el tiempo, todo depende del deseo real de hacer crecer nuestro patrimonio y de que estemos comprometidos con eso.

Si hoy eres empleado, podrías empezar a ser inversionista en la Bolsa de Valores o en Bienes Raíces o incluso en negocios, realmente lo que se requiere para ser inversionista es tomar la decisión de serlo. Cuando yo era empleado, bastó con tener la decisión de ser inversionista para que llegara mi primera oportunidad de inversión, que fue mi primer centro de copiado.

Para dar ese primer paso, necesitas tener la convicción de hacer crecer tu dinero y, sobre todo, aprender a ser inversionista. Puede ser que en las primeras inversiones no veas tantos resultados, sin embargo, lo más valioso que obtendrás es la experiencia. Si lo haces, esto te llevará a hacerlo cada vez mejor.

Puedes empezar por tu cuenta o dejarte asesorar por personas que manejen las inversiones en las que estés interesado. Ojo aquí, es importante que, si alguien te va a guiar en la inversión en Bienes Raíces, por ejemplo, sea una persona que ya invierte en este campo, no es lo mismo teoría que práctica.

Ahora bien, la idea de *invertir en activos* es proteger nuestro dinero, pero ¿protegerlo de qué, exactamente? Pues, de los riesgos financieros (o mutaciones genéticas) que ocurran en la economía.

¿Cómo crece nuestro dinero?

Los riesgos de inversión, la volatilidad del mercado o las pérdidas financieras inesperadas, además de las constantes devaluaciones que sufre la **moneda circulante**[1], pueden alterar el "ADN financiero" de un individuo u organización.

Te estarás preguntando si esto les pasa a todas las monedas del mundo, y la respuesta es sí, por eso nuestro dinero debe invertirse en activos, ya que estos conservan su valor con el tiempo y generan retornos mucho mejores que si los tuviéramos en moneda circulante.

Ahora, veamos cuáles son los **cuatro activos básicos** en los que puedes empezar a invertir.

Bienes Raíces

Es la inversión más antigua y rentable de todos los tiempos, aquí podemos obtener rendimientos desde el 7% hasta retornos del 30%, todo depende del tipo de proyecto y de los recursos que tengas o del apalancamiento que logres tener. En esta inversión, tu dinero crece en el tiempo y es un horizonte mínimo de 5 años.

---

[1] *Billetes, monedas y cheques emitidos por el Banco Central en libre circulación (es decir, en manos del público).*

Aquí, existen diferentes formas de realizar inversiones, principalmente tienes dos objetivos: puedes optar por *ganancias de capital* (es decir, vas a comprar y vender) o puedes optar por *ganancias residuales* (esto significa que recibirás un ingreso mensual por esa propiedad o propiedades donde invertiste).

Te diría que ambos objetivos son buenos, aunque el *primer objetivo* te capitaliza más rápido, corres el riesgo de tener dinero líquido durante algún evento económico y tu inversión puede verse reducida por alguna **devaluación**[2] de la moneda. El *segundo objetivo* te permite conservar una buena cantidad de propiedad a lo largo del tiempo y las rentas de esas propiedades crecen con el tiempo y pueden convertirse en ingresos exponenciales, además de que sigues conservando el activo.

En ambos casos, es recomendable recurrir al apalancamiento para darle mayor solidez a tu dinero, esto puede ser a través de créditos bancarios o mediante la **captación de capital**[3] con inversionistas.

---

[2] *Pérdida de valor de la moneda nacional en relación a las extranjeras, lo que provoca que las exportaciones bajen su precio y las importaciones se vuelvan más caras.*

[3] *Recibir dinero con el compromiso de devolverlo en las condiciones acordadas.*

Las formas que existen para invertir en este activo son muy variadas, todo depende del capital que tengas, la zona en la que deseas invertir, el tipo de apalancamiento que tengas disponible y el objetivo de la inversión.

Bolsa de valores

El mercado bursátil ha experimentado un cambio sustancial y se ha vuelto menos elitista. Hoy en día, es posible invertir a través de plataformas que nos ofrecen oportunidades de inversión con realmente poco dinero.

Anteriormente, sólo podían invertir personas que tuvieran cantidades de $500,000 pesos o más. Hoy podemos hacerlo con cantidades mucho menores que eso. Se trata de una inversión a medio-largo plazo, el horizonte de inversión ideal debería superar los 10 años como mínimo.

Para esta inversión, te recomiendo que seas paciente y tengas buen estómago, ya que no es fácil dejar de revisar tus inversiones seguido y que, debido a la **volatilidad**[4] del activo, decidas salirte del mercado en momentos de incertidumbre.

---

[4]*Ritmo al que aumenta o disminuye el precio de una acción en un periodo determinado.*

Aquí, hay una máxima con respecto a la inversión en el mercado de valores: solo pierdes hasta que sales del mercado. Mientras tu inversión continúe dentro del mercado, tienes la posibilidad de que la tendencia se revierta y comiences a ganar nuevamente.

Negocios

Este activo es de los que ofrece rendimientos infinitos, esto se debe a que podemos iniciar un negocio con una idea simple y el dinero puede ser invertido por alguien más, literalmente, podemos ganar dinero sin dinero.

Se trata más de creatividad que de cualquier otra cosa y de tener perfectamente claro cómo ese producto o servicio beneficiará al consumidor.

Si tienes una idea de negocio y consigues plasmarla, tendrás la oportunidad de levantar el capital de otras personas que crean en lo que les estás contando y, sobre todo, que les puedas demostrar con pruebas que lo que dices es verdad.

Este activo es uno de mis preferidos, ya que es el que más aprendizaje te generará. En un negocio, aprenderás sobre liderazgo, ventas, recursos humanos, administración, finanzas, marketing, al inicio de un negocio prácticamente el dueño ve todas las áreas. A medida que el negocio crece, se pueden delegar áreas a expertos en cada ámbito. Sin embargo, la experiencia obtenida permite saber qué pedirle a cada individuo que está a cargo de las áreas correspondientes.

Además, con este tipo de activos se crean empleos, lo que soluciona uno de los problemas más graves de nuestros tiempos, ya que cada año se gradúan miles de estudiantes buscando una oportunidad laboral y se necesita a alguien que las genere.

Creo que los empresarios son quienes brindarán apoyo económico a nuestro país en el mediano plazo, por eso te invito a explorar esta opción de ser empresario y contribuir a mejorar la situación económica.

Metales (Oro y Plata)

Este activo también cubre nuestro dinero, son metales que se han utilizado durante cientos de años y que siempre conservan su valor. Regularmente, cuando hay una crisis financiera, los gobiernos y las personas con dinero se refugian en estos metales.

Este activo es meramente protector, lo que hace es mantener el valor de tu dinero en el tiempo.

Lo ideal con estos cuatro activos que mencioné es que creemos **sinergia** (no se trata de diversificar, ya que esta palabra lo que hace es quitarle poder a nuestro dinero), la sinergia se crea invirtiendo las ganancias de cada uno en los diferentes activos para que uno alimente al otro.

Es decir, si tengo ganancias en mi *negocio*, ver en qué activo me convendría invertir, podría ser en *Bolsa*, *Bienes Raíces* o en *Oro/Plata*, la decisión dependerá de qué oportunidad vemos en cualquiera de los activos.

Es importante, como dije líneas arriba, buscar al experto en cada activo para que te oriente en tu inversión (procura, sobre todo, que ese experto tenga inversiones en el activo que deseas explorar), o bien buscar información para que conozcas ese activo y veas cómo invertir en él.

El hecho de invertir en activos debe convertirse en un hábito. Necesitamos cambiar nuestra mentalidad de *consumidores a productores* para que cada vez que recibamos dinero lo primero que pensemos sea en hacer que nuestro dinero produzca, y que la forma de hacerlo sea invirtiendo.

5
ATRAE EL DINERO A TU VIDA

A lo largo de este camino de estudio del dinero, he descubierto que el dinero en realidad se atrae. Al igual que el éxito, estuve muchos años buscando al dinero, todos mis proyectos giraban en torno a él y siempre se escondía de mí, además era muy desgastante estar haciendo las cosas de esa manera.

Uno de los cambios que comencé a hacer fue empezar a trabajar en lo que me gustaba.

Ya no pensaba en el dinero, sino en lo que disfrutaba hacer, y empezó a haber un cambio importante, porque ya no tenía el estrés que me provocaba hacer cosas que no disfrutaba tanto. Ahora, disfruto todo lo que hago y me genera un estado de bienestar, lo que ha provocado que el dinero fluya de mejor manera hacia mí.

Recordemos que el dinero es energía y siempre quiere venir a nosotros, los que bloqueamos ese flujo somos nosotros a través de nuestros pensamientos y nuestros sentimientos: si tenemos estrés, enojo, frustración, estamos bloqueando ese flujo de dinero y estos sentimientos provienen de nuestros pensamientos.

El resultado financiero que tenemos hoy tiene que ver con lo que hay en nuestro interior, en nuestra mente y lo que sentimos en relación a ello.

Si crecimos con carencia, esa es la vibración que tenemos activa y necesitamos cambiarla, reprogramando nuestra mente.

El proceso que he descubierto para hacer que mi vida fluya mejor es el siguiente:

1. *Realiza actividades que realmente disfrutes y monetízalas.* En mi caso, escribir, dar talleres, hablar en público, etc. y esto lo ofrezco como un servicio para generar dinero a partir de ahí.

2. *Piensa en beneficiar a más personas con lo que haces.* Si realmente quieres recibir una mayor cantidad de dinero, debes asegurarte de que tu producto o servicio llegue al mayor número de personas.

3. *Busca el beneficio común.* No basta con pensar en solo beneficiarte a ti mismo, si empezamos a recibir dinero con lo que hacemos, debemos compartirlo con los demás. Aquí tienes una herramienta universal llamada **diezmo**, que es dar el 10% a una causa que decides apoyar, pueden ser niños huérfanos, enfermedades terminales, apoyo a animales, etc., la causa con la que conectes mejor.

4. *Ten un deseo ardiente de cubrir los puntos anteriores*, ya que el **deseo** es lo que mueve todas las cosas.

Algunas herramientas adicionales para una mejor administración del dinero son:

- Mantener un presupuesto mensual de tus gastos y respetarlo
- Gastar menos de lo que ganas
- Ahorrar el 10% de tus ingresos
- Armar un fondo de contingencia de al menos 6 meses de tus ingresos mensuales

- Invertir el dinero que ahorres (esto luego de haber reunido los 6 meses de fondo mencionados en el punto anterior)

Deseo que esta información que acabas de leer sea de utilidad para ti, recuerda que el dinero es un medio para lograr nuestras metas, no un fin, dale el lugar que tiene en tu vida y estará ahí para ti.

Su papel no es el de un protagonista, por lo que debes tenerlo en un lugar donde no sea tu prioridad, sino un complemento para hacer mejor tu paso y el de otros por este planeta.

Bibliografía recomendada

- *El Hombre más rico de Babilonia*, de George S. Clason

- *Prosperidad verdadera*, de Yehuda Berg

- *El millonario de la puerta de al lado*, de Thomas J. Stanley y William D. Danko

- *El cuadrante del flujo del dinero*, de Robert Kiyosaki

- *Padre rico, Padre pobre*, de Robert Kiyosaki

- *Piense y hágase rico*, de Napoleon Hill

- *Los Secretos de la Mente Millonaria*, de T. Harv Ecker

- *El poder de la mente subconsciente*, de Joseph Murphy

BIOGRAFÍA

Antonio Díaz ha impartido talleres y conferencias sobre Finanzas Personales e inversiones en diferentes escenarios del país. Durante los últimos 20 años ha estudiado temas de dinero y los ha puesto en práctica en su vida diaria para experimentarlos y compartirlos.

Antonio nació y creció en la Ciudad de México, donde cursó la Licenciatura de Finanzas en la Universidad Tecnológica de México. Se tituló con la tesis, *"Finanzas Personales: El Camino Hacia la Libertad Financiera"*. El éxito de esta tesis fue tal que lo invitaron a impartir conferencias y talleres en la Universidad de la que egresó y luego en distintos espacios de radio y televisión. Estudió Finanzas Personales en el ITAM - Instituto Tecnológico Autónomo de México y es empresario inmobiliario desde hace 16 años.

En sus inicios, derivado de leer por primera vez el libro de Robert Kiyosaki, *Padre Rico, Padre Pobre*, tomó la decisión de poner en práctica los conceptos que el autor planteaba y comenzó un negocio a la par de su empleo; después de 3 años de iniciar el negocio, logró dejar su trabajo y dedicarse de lleno al negocio, experimentando por primera vez libertad financiera.

Hoy en día imparte conferencias, talleres y mentorías, compartiendo lo que ha vivido en relación al dinero y cómo ha logrado transformar la idea que tenía de que el dinero era escaso y que era la raíz de todos los males, por una nueva idea en la que el dinero es un medio para lograr las cosas que deseamos y que nos da libertad para hacer todo lo que realmente queremos hacer en la vida.

Datos de contacto

Facebook: @AntonioDiazInversiones
Instagram: @antonio.diaz.mentor
LinkedIn: Antonio Díaz

Made in the USA
Middletown, DE
25 July 2024

57770656R00051